AF501145

MANUALES PARA MANOS SENCILLAS

Javier Suero Santos

Ilustración de portada: Marnia Briones.

javier.suero@gmail.com

Publicado por Lulu.com

ISBN: 978-1-84799-386-1

Para todos los que sintieron estas palabras como suyas,
porque sintieron bien.

Infinitas gracias

A Chiquitita por ser materia prima de mucho de lo aquí escrito y por su látigo amable en los ratos de pereza o desánimo.

A Antonio por sus palabras cuando me faltaban las mías para explicar unos manuales muy difíciles de explicar y por su ojo avizor en mi ortografía de parvulario.

A Marnia por el regalo robado de su pintura elocuente, que vale bastante más de mil palabras.

Al Melounge por acontecer la presentación con su habitual entusiasmo y arte. Al alma del Melounge, en realidad: a Sonia, a Iván.

A Aurelio por darle ojos a simples letras. Unos ojos grandes de mirar.

A Ñomo por su ilusión inevitablemente contagiosa; haciendo suyo lo mío y viceversa.

A todos los colaboradores necesarios: Rosalía, Cristina, Chema, Susi, Miguel, Mario, Silvia, (tía) Mari.

Manual de áridos

Dos hilos y un pincel

Vengo de un lugar que no existe.

Vengo de las palabras que no dije.
Vengo de los sueños.

Miro el suelo constantemente.

La maquinaria de la tristeza es terrible.

Vengo de tus besos.
Vengo de las ventanas del amanecer.
De la memoria del olvido.

Vengo sin bienvenidas.

Traigo dos hilos y un pincel.

Traigo la desnudez y el espanto.
El hambre atrasada.
La ira atrasada.

Miro al suelo.
Miro las paredes, la evidencia.
Miro a los animales de ciudad.
Miro la ciudad.
Las residencias donde no reside nadie.

Vengo de un lugar que ya no existe.
Vengo de una insistencia.
De un hambre.

Mi casa era una casa sin sol.
Dentro de mi casa no llovía nunca.
Sólo se morían las persianas y los gatos.
Las cucarachas hacían el amor.
Los espejos, las puertas
nunca miraban para atrás.
Mi casa tenía las puertas cerradas.
Nunca entró la lluvia,
nunca entró el sol.

El lugar del que vengo,
insisto,
no existe.
De allí me llevo las puertas cerradas,
los gatos.
Me llevo apenas dos hilos
y un pincel.
Me llevo una ira con dos números
de atraso.
El hambre.
Las máquinas de la tristeza.
La desmemoria,
acaso peor que el olvido.
El espanto.

Me llevo la fractura.

Vengo con apenas dos hilos…
…Pero vengo.
Que nadie diga que no vengo.

Enmiendas para el año nuevo

Dejar que el corazón golpee.
No ser el cristal de las ventanas.
Ser la ventana misma.
Contar los años que me quedan.
Llevar sombrero.
Zurcir los sietes del alma.
Remendar las manos.
No pasear por la senda de los elefantes
como si no pasara nada.
Caminar a mi aire.
Con el corazón por fuera de la piel.
Con la piel por encima de la ropa.
Con la camisa rota.
Tener más manos que un ciempiés.
No usar reloj ni corbata ni prisa ni desazón ni miedo.
No usar la tristeza.
No usar la lluvia.

Manejar la alegría dulcemente.
Pensar en ti como se piensa el mar.
Pensarme menos.
Darle menos vueltas al mundo.
Ir por los caminos con cara de camino.
Parecerme a los árboles que se van de paseo.
Parecerme a las adolescentes de pelo largo.
No pensar que la gente es mala.

Romper los libros que no hablan de ti y de mí.
Ir siempre de visita por las calles de Madrid.

Olvidar esa calvicie incipiente,
esa incipiente melancolía de todo.

Simular lejanamente lo que quise ser.
Ser inconformista sólo de cara al auditorio.

Matar la pena.
Matar la ira.

Creer en el corazón.
Creer en las manos.
Creer en las manos del corazón,
en los corazones de las manos.

Dejar que el corazón golpee.
No ser el cristal de tus ojos.
Ser tus ojos mismos.

Crecimientos

Crezco cada día.

Me crece la barba
y me crece la ira.

Crecen las dudas
como crecen los años.

Días sin sol.
Paréntesis de ti.
Hierba mala esta mala manera de vivir.
Pasto de las hormigas del desencanto.

No ser dueño de nada.

Desafino en la calle,
desafino en la manada.
Camino por la tristeza.

Me crecen las uñas
y las raíces.

Soy de los que no hacen ruido
ni cuando gritan.

Me rompo por los rincones.

Crezco todos los días.

Pienso cosas raras,

flores feas.

Que todo el mundo olvide mi nombre.

Que me crecen las ganas
y las canas.

Me crece el invierno.

Me crecen las pérdidas.

Me crece la ira.

Breve apunte diario

Hablan de mi seguridad
y me echo a temblar.

Compra.
Dicen.

Trabaja.
Limpia.
Cásate.
Trabaja.
Compra una casa.
Dicen.

Eso dicen.

Yo busco rendijas,
eso es lo que busco.

Decires

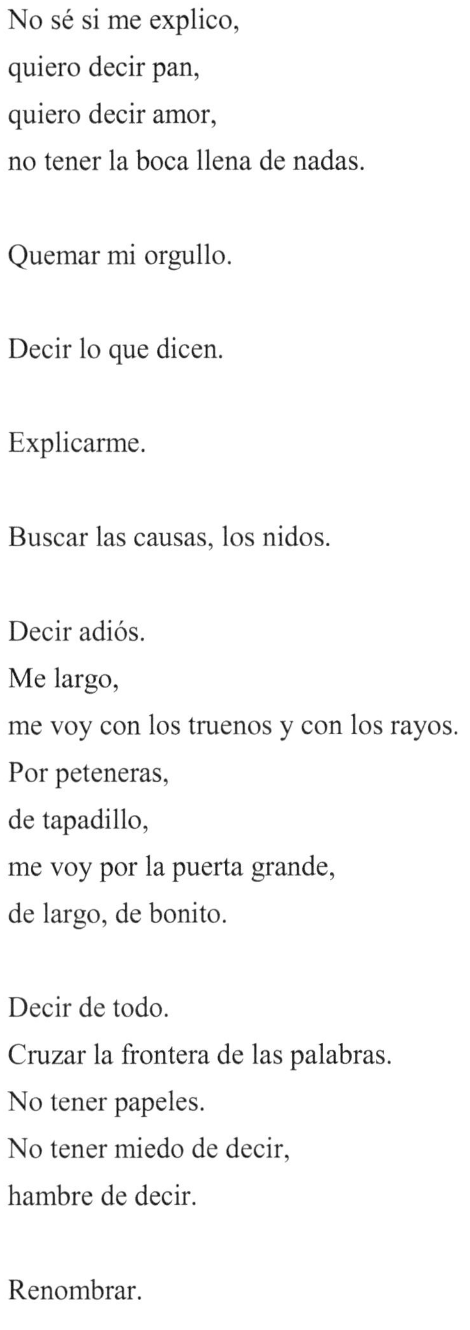

No sé si me explico,
quiero decir pan,
quiero decir amor,
no tener la boca llena de nadas.

Quemar mi orgullo.

Decir lo que dicen.

Explicarme.

Buscar las causas, los nidos.

Decir adiós.
Me largo,
me voy con los truenos y con los rayos.
Por peteneras,
de tapadillo,
me voy por la puerta grande,
de largo, de bonito.

Decir de todo.
Cruzar la frontera de las palabras.
No tener papeles.
No tener miedo de decir,
hambre de decir.

Renombrar.

Decirlo todo.

Ponerme una boca.
Irme de la lengua.
Ser el que cuenta.
Contar.

Decir todas las palabras
pero decirlas bien.

(Salirme de los paréntesis)

Caminar por el margen
del invierno,
a dos metros del frío.

Decir pan.
Decir amor.
Redactar diccionarios,
enciclopedias,
resúmenes.

Hacer palabras
si es que las palabras se hacen.

Ser exacto en el dolor.

Transcribir un suspiro.

Hacer lumbre.

Poner fuego en los acentos
y poner el acento en las personas.

Poner personas dentro de las personas.

No sé si me explico ya,
quiero decir pan,
quiero decir amor,
no tener la boca llena de nadas.

La fealdad

Somos feos.

Hasta los dientes del alma
los tenemos feos.

Somos más feos que Picio.

Más que pegarle a un padre,
aunque haya padres y padres.

La fealdad es algo tan nuestro
como respirar,
como besar o sentir.

Tenemos tantas fealdades…

Feos con ganas.

Feos sin ganas.

Feos los ojos,
feas las intenciones ,
fea la manera de vivir.

Son feos nuestros guapos,
feos los listos,
feos los tontos.
Y siguiendo la lógica,
refeos los feos.

Las ideas que tenemos
son ideas feas,
definitiva,
rotundamente feas.

Horribles.

¿Cuántas fealdades caben en un feo?

Tenemos hijos feos como ratas.
Igualitos que el padre
y que la madre.

Compramos cosas feas
con dinero feo
con la cara fea.

Lo compramos todo.
Y todo lo compramos feo.

Tanto feo afea todo.
Y claro,
afeamos las flores y los trenes.
Afeamos la hierba y los zapatos.

¿Cómo no va a ser una lluvia fea la que nos llueve?

Apunte diario

Mañana será otro día.

Que salga el sol por donde pueda.

Yo haré lo mismo.

Hoy me guardo.

No quiero saber nada de príncipes
ni de gusanos.

No quiero saber nada de jueves.

Que hoy me guardo.

No puede ser tan difícil de entender
para las cobayas y los semáforos.

Hoy estoy ya harto de tanto cajón
y de tanto retorcido.

Necesito aire limpio.

Recobrar el sentido.

Mirar a los ojos
y que entre unos y otros
el aire sea aire
y esté limpio.

Recobrar los sentidos.

Ir por la calle
y poder decir este es mi hermano.

Comer todos del mismo árbol.

No llorar con lluvia de jueves.

Los vagones del metro tienen aforo
para ciento catorce soledades de pie
y cincuenta y dos sentados.

No veo aire limpio.

Hoy no quiero saber nada
de metros ni de gusanos.

Por hoy me guardo,
mañana será otro día.

El sol saldrá por donde pueda
y yo haré lo mismo.

A media asta

A veces sueño
con la boca pequeña,
para el cuello de mi camisa,
de reojo.

A veces no sueño.

A veces amo
de soslayo,
amo las cosas pequeñas
de manera pequeña,
amo a media asta.

Otras veces,
sencillamente no amo.

A veces deseo.

Hay ocasiones que miro
más allá de metro y medio.

Las distancias no son más que el nombre
que le ponemos a las pérdidas.
No es el grado de la pérdida,
es la pérdida misma.

A veces siento el miedo.
Que yo pongo mi corazón en tus manos.
Que yo me pongo de cuerpo entero
en cada mano.

Y a veces, la ira.

Y a veces, la soledad.

Otras veces, el ruido.
El maldito ruido.
El ruido de las distancias.
El ruido de las pérdidas.

El ruido auténtico.

Esta ciudad.

Malditas sean las calles,
los sitios en que alguna vez fui feliz.

Malditas sean las sombras,
los parques,
todas las cosas.

Maldita sea.

Maldita sea este tinglado,
esta ruina,
tanta miseria,
porque a veces la ira
cuando las pérdidas
como las distancias.

Y es que a veces la ira,
maldita sea.

Manual de áridos

Si pudiera no pensar lo que pienso
para pensar lo que tú piensas,
incubar tus pensamientos en un cristal,
hallar el mecanismo exacto
de tu manera de romperte,
comprender la estructura,
el sistema de tu dolor,
pensar desde dentro de tus fantasmas,
digo,
pensar tus pensamientos,
dibujar la cara,
la anatomía de tus trampas,
ser yo el que va a tu parque,
a tu colegio de tantos años
a astillarme por el maestro ese de tanta bilis,
tartamudear yo las lecturas en voz alta,
tartamudear tristemente:
"Por
cicien
ca
ño
nes
por
ban
da"
o por ejemplo
"yo
voy
sosoñando
cacaminos

de
la
tar
de”,
ponerme tu cara,
vestirme con tu ropa,
ponerme tu tristeza,
digo,
pensar lo que tú piensas
cuando dices que no piensas nada,
ver lo ves
cuando no miras,
cansarme de mí,
siendo tú,
vestir el traje incómodo de tu culpa,
digo,

y si además,

pudieras tú no pensar nada de lo que piensas
y pensaras lo que yo pienso,
digo,
helarte con el frío puntual
de mis enemigos difusos,
íntimos,
echarte encima mi manta de escabechina,
tener la sangre negra, fea,
sentirte fea como un adolescente,
“observar la tristeza de todo”,
digo,
ortigarte completamente
de mí,

tú,
siendo yo,
callejear por los ruidos
de mi corazón,

ser yo;

pero entonces no serías tú
la que vas
"soñando",
digo,
"soñando
caminos de la tarde"
ni yo estaría, con tu cara,
vistiéndome de guapo
para ir al baile.

Manual de nosotros

El otro país

Quiero irme a otro país
donde no esté yo.
Donde prohíban esta soledad de ti.
Una soledad sin papeles.
Sin padre pero con madre.

Es un problema de espacio.
Es un problema de esqueleto.

No puedo soportar la falta de espacio,
la asfixia
de estar yo mismo conmigo
en la misma habitación.
Me robo el aire.
Me escucho las palabras
de los pensamientos.

Mi amor es un ruido.

Me dejo barba.
Uso sombrero.
Gabardina.
Sucia, raída.
Me sitúo en tu puerta,
extiendo la mano,
te espero,
muerto de hambre de besos de tornillo.

Dentro de mí crecen ruidos.

Quiero irme a otro país
donde no esté yo
ni esté el amor que te tengo.
Donde no tenga una casa en la que estar solo.
Ni una soledad de metro sesenta.

Cierro cada día el alma.
Que no entre la luz.

Abro la lata de la pena.

Voy de luto por un sueño.

Me recreo en la desgracia.

Me mido.

Me comunico a través de esquemas,
de números.
Ceros y unos.
Cero y uno.

No uno y uno.

La comida se pudre en la nevera.

Las plantas se secan.

Reviso los mapas. Busco.

Quiero ir a otro país
donde no esté yo,
pero al menos estés tú.

El aire

Mi casa era romperme el corazón a cuatro manos.

Como una pena de lejos de la cuadra de al lado
todavía vivo allí
en días alternos
como niño de padres separados.

Vendo el aire que respiran los recuerdos.

Corto el aire con cuchillo para verte los tus ojos raros bonitos imposibles.
Rabiosamente aquí.
Tus ojos, digo.

El aire está en una fotografía,
vacaciones del dos mil cuatro,
una canción de antes de echarte de menos
por los rincones del día,
un amigo, un email.
Madrid.

Trato de limpiarlo.
Ese aire no desiste.
Queja constante de las grietas.

Me duele no arreglar incluso lo que no he roto.
Soy así.
Tonto.
El listo tonto de la clase.

Grito en un mutismo absoluto.

Viajo al centro de mi mundo.

Vuelvo.

Y te siento.
En ti construyo un palacio.
De aire limpio son los muros.
Los tapices.
Los aposentos.
De aire limpio tejas,
alma,
ladrillos.

Te quiero hoy para siempre.

Mi casa era romperme el corazón a cuatro manos.
Sinfonía de una lluvia anunciada.
Radiografía de un beso.

Mojado de ayer.

Vuelvo.

Contigo construyo un buen recuerdo.

Malvenidas

Cada vez que vienes por casa
te acabas llevando algo:
ropa, calzado, un cuadro,
una foto.

Cada vez que vienes,
es para irte más,
vienes para estar más lejos.

Tú ángel

Cuando te llegue el momento
de construir tu propio ángel,
no dejes que te tiemble el pulso.

Prepara el fuego.

Coge fuerzas,
parir un ángel rompe por dentro.

Para dar la luz a un ángel,
es necesario primero,
destruirlo todo.
Poner patas arriba el corazón.
Desordenar la ordenada vida.
Descolocar los besos.
Echar al fuego todo lo vivido.
Lo malvivido.
Lo bienvivido.
Quemarse completamente.

Sólo después es posible
reconstruirse la cara.
Urdir un plan.
Elegir los colores del ángel.
Valora el peso y sabor de los colores,
antes de escogerlos.
Tócalos, huélelos.
Que sean tuyos.
Esto tiene su importancia.
Se trata de la estética de los sentimientos.

Luego,
sal de ti,
busca a la gente.
Cuando la encuentres,
busca a las personas.
Abandona toda desesperanza.
Salta de aquí allá, picotea.
Prueba.
Bucea, sumérgete.
Huele los colores de los demás.
No hay colores antagónicos.
Teniendo en cuenta
la dicha estética de los sentimientos,
hay colores feos.
No te ciegues.
Sigue buscando.
Haz un refugio,
una llama,
para muestra un botón,
un nido.
Es tu gente,
tus personas.

Y no cierres la puerta.
Nunca.

Para entones,
tendrás tu ángel definido.
Incluso sexuado.
Tendrá ojos, pelo, color, sabor.

Será tu propio ángel.

Siéntelo,
lo habrás hecho tú misma.

A tu país

Rodeado de invierno,
sucio de las personas que ensucié,
triste en mí.

Cogía trenes para irme del invierno,
como hacen las personas que huyen de sí
y no se pierden
y no se encuentran.

No hay próxima estación para el que huye de sí.

Te encontré en un oasis de mí.
En una calma.
Casi en un renuncio.

No me corregí,
me dejé equivocarme en ser yo.

Y tú viste un oasis en mí.

Traías un país debajo del brazo.

Me diste papeles.

Busqué trabajo y empecé por trabajar.

Secaste mi espalda mojada.

Puse manos a la obra de un palacio.

En tu país construyo mi palacio.

Aprendo la danza de tu vientre. Bailo.

Deshojo la margarita del sí o sí.

Nuevo rico en tu país. Estómago agradecido. Patria amable.

El amor duele y si no no es amor.

Jugamos al escondite del juego de ser felices.

Jugamos sin guardar la ropa,
sin medir, sin medida,
sin estudios de impacto medioambiental,
sin trampas,
un poco quemando las naves,
un poco a cara o cara, sin cruz,
un poco a pecho descubierto,
un poco dejando las máscaras para otros bailes.

Entre tú y yo no hay muro.
Ni lamentaciones.

Admiras la flora de mi alma.
La riegas, le hablas como hablas a tus plantas,
les pones música, las cuidas.
Cambias la tierra.
Las abonas con el día a día.
Matas el invierno.
Abres las ventanas.
Aire limpio.

Pones la mesa.

Voy al mercado,
en mi lista de la compra sólo hay cosas para hacerte feliz.

Me limpio.
Te limpio.

Te limpias.
Me limpias.

Inventamos alas.
Construimos aviones de estar cerca.
Casas con ruedas.

Somos libres.
Podemos coger los trenes del verano.

Irnos lejos.

Mi país eres tú.

Matar un fantasma

Me pregunto,
¿cuántas veces se mata a un fantasma
para que no vuelva?

¿Dónde va un fantasma
cuando muere?

¿De dónde viene la pena?

¿Quién inventó la tristeza?

¿Quién le puso el nombre a la tristeza?

Un nombre tan bonito
para una cosa tan fea.

Cada mañana tu fantasma y el mío
se juntan
y hacen un fantasma
y este es más grande
que la suma de nuestros fantasmas individuales.

Luego me despierto yo,
más tarde tú
e inmediatamente después
se despierta mi amor,
luego el tuyo
y juntos
hacen un amor

más grande que la suma
de nuestros fantasmas individuales.

¿Cuántas veces se mata el amor
para que muera?

Me pregunto.

Te quiero.

Amo tus cosas
de una manera noble.
Sucia y noble.

Me pregunto.

Me limpio.

Renuevo mis pecados.
En ese sentido me reinvento.
Reinvento mis pecados
y mis palabras.

Remato tus fantasmas.

Remato el amor.
No disimules.

También tú rematas.

Apuramos la vida.
Y es un milagro nuestro

esta inmortalidad del amor.
No muere.
Nunca.
Es más grande que la suma
de nuestros fantasmas por duplicado.

Te echo de menos.
En nuestra casa
vivimos solos
por turnos.

El tiempo que perdimos
cuando teníamos tiempo.

Las cosas feas que nos dijimos,
los platos rotos,
alimentamos la pena
religiosamente,
estúpidamente.
Necios ambos en nosotros mismos.

Te quise y te quiero
por tu esperanza noble,
limpia.
Por tu alegría limpia.
Tu forma limpia de ver la vida.

Te quise y te quiero
de una manera noble,
sucia y noble.

Estoy como en casa

cuando estás en casa.

Desordeno mis papeles,
friego,
afilo mis labios.
Te quiero y me pregunto.
(Cada mañana).

¿Cómo demonios haces
para hacer el amor
siempre que se rompe?

Manual de vuelo

Manual de vuelo

Cuando tú llegaste a mí,
yo no volaba.

Batía las alas en el medio de la nada.

Corría, buscaba.

Observaba mi reflejo en las paredes.

Cuando tú llegaste,
las ramas se querían ir del árbol
y el árbol de la casa.
No volaba yo
ni volaba nada.

Y de a poco,
todo de a poco,
de a poquito,
nos vestimos de hormiga para ir al baile.

Y, aunque nunca fueron fáciles
las amistades
entre los gatos y las gatas,
de a poco,
fuimos llenando los pulmones
de besos limpios.

Aseando besos.
Esterilizando abrazos.

Luego nos rompimos.
Y después de rotos
nos volvimos a romper.

Se nos ensució todo,
los besos,
las camas,
todas las habitaciones del corazón.
Los cuartuchos,
las grandes avenidas.

Fantasma contra fantasma.
Miedo contra miedo.

Y todo se desbarataba entre las manos.

Nos destrozamos la cara de tanto mirarnos.

Y de a poco,
de a poquito,
remendamos los trajes de hormiga
y nos buscamos otros bailes.

Pasaron los años.

Siempre arañando
de la pereza
los besos limpios.
La higiene de los abrazos.

Y confundiendo a los fantasmas

como si fueran trileros
y nosotros turistas.
De a poco,
de a poquito.

Y en eso estamos,
aprendiendo a volar
en pleno vuelo.

Manual de aire

Olvida las recetas
y los manuales.

Los atajos no nos llevan a ningún lado.

Las dietas sólo sirven
para los caníbales
y los enfermos del corazón.

Deja las precauciones
para los precavidos.
Recuerda que los cocodrilos
siempre terminan por suicidarse.

Camina por el borde de la rutina.

No te empapes con el agua de la culpa.

¿Ves a ese prójimo?
Es tu hermano.

Que la desolación no te desfigure
la cara.

Tampoco abandones los sinsabores
sin saborearlos antes.
No es sopa boba
el caldo de la tristeza.

Para coger carrerilla
cualquier corazón vale.

Lo peor del vuelo nunca es la caída.
Lo peor es el no vuelo.
El no amor.
El no prójimo.
El no nada nunca nadie.
Eso que se instala en los huesos.
Eso.
El no vuelo.

La boca es un almacén de besos
infinito,
interminable.
No lo saldes nunca,
apúralo todo,
haz hueco para los besos humildes,
los cotidianos.
Los besos pequeños de las bocas pequeñas
también necesitan su espacio.

No dejes pasar una nube
sin aspirarle su encanto.

Chiquitita y hombre pájaro

Abre el cielo
suavemente
como acostumbras,
como si no fuera nada lo que haces,
como si fuera coger un vaso
abrir el cielo.

Ábreme el cielo
y yo me disfrazo de hombre pájaro.

Vuelo sin motor ni armamento
pesado.

Aparta las nubes
suavemente
como es costumbre
en tus soles.

Mueve las hormigas
que caminan por mis piernas
cuando abres el cielo y la tierra.
Dulcemente todo.

Ponle tiritas
a esta primavera con el ala rota.
Mercromina al olvido.

Sé, tú sabes,
los pies del cielo.
Corre por tus venas

el mar,
la sangre del pueblo,
el líquido de la verdad.
Princesa de todo.

Abre el cielo
suavemente
que voy de vuelo,
me traen vientos del sur.
Otros aires.

Modela la vida.
Domestica rosas.
Te atreves.

Abre el cielo,
que yo soy tu hombre pájaro.

Hombre pájaro

Soy hombre pájaro
de alas cortas
y pies planos.

No vuelo si no es en caos en tu cuerpo.

Arrojo mi paisaje.

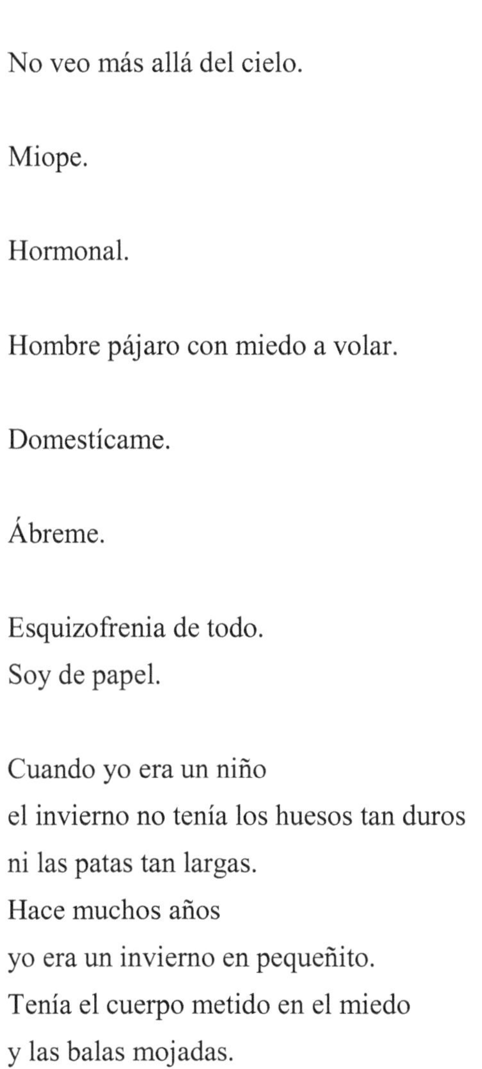

No veo más allá del cielo.

Miope.

Hormonal.

Hombre pájaro con miedo a volar.

Domestícame.

Ábreme.

Esquizofrenia de todo.
Soy de papel.

Cuando yo era un niño
el invierno no tenía los huesos tan duros
ni las patas tan largas.
Hace muchos años
yo era un invierno en pequeñito.
Tenía el cuerpo metido en el miedo
y las balas mojadas.

Quería ser inventor y piloto.
Matar dragones.
Y era un invierno con patas cortas.
Y un miedo de vuelo largo,
un miedo como de cuatro jornadas.
Un miedo de todo.

Desamparo de cada hoja.

Era un invierno pequeño,
rabioso.

Yo siempre estaba donde el miedo me decía
y no hablaba
sencillamente
porque el miedo no tiene boca.

Y no tocaba
porque las manos del invierno
tienen la mirada esquiva.

Nunca hacía nada.
Era el niño raro.

Mi casa tenía las paredes blandas.

Yo jugaba al frío
como quien juega a las chapas.

De todo aquello me quedan
las flores violentas
y unas plantas blandas.

Unas matas de raíz torcida.

Y mientras tanto la savia dormida.

Los sueños raros.

Blandos.

Las flores violentas.

Las ganas de verte.

Los ojos de verte.

El frío del miedo.

Y las casas que se van pero no llegan.

Y las flores de ti.

La rosa que tiembla.

Domestícame.

Ábreme.

Que yo soy hombre pájaro
de alas cortas
y pies planos.

Hace muchos años yo fui un pequeño invierno.

Chiquitita

Del amor viene y al amor va.
De amor son sus manos.

Siempre que puede se llena de amor.

No se vacía nunca.

Chiquitita ligera,
peso pluma,
pesito,
tanto amor pesa.

Eso dice la báscula,
sólo eso.

Porque el amor nunca es desnatado
o desgrasado.

No hay amor light.

No hay semiamor.
Porque no hay semibesos
ni hay caricias bajas en calorías.

No existe una dieta específica para el corazón,
el corazón no adelgaza.

Chiquitita,
¿pero cuándo te vas a mirar

con mis ojos de verte?

Porque mis manos de rozarte
no adelgazan
ni adelgazan mis ganas.

El corazón no adelgaza.

Chiquitita tiene el corazón largo,
no le cabe.
Se le escapa.
Domestica rosas.
Es un principito.
Es tantas cosas.

Es todavía una seminiña
asustada,
mojada,
delante de una cama semivacía,
contemplando con los ojos como platos
una soledad
entera.
En plena noche,
en la noche entera.

Su casa tenía las puertas abiertas
y el alma rota.

La niña salió guerrera.

¿Cómo iba a salir
si nació en la guerra?

Y aún así del amor viene
y al amor va,
de amor son sus manos,
su carne misma.

De amor son sus ojos
y sus piernas,
de amor están hechas sus caderas,
su semitripa y su cintura.
De amor es su pelo.

De amor son los kilos que le faltan.

Ay, chiquitita,
empiezas a entender
que el corazón no adelgaza.

Así,
cada día estás más guapa.

Ay, chiquitita,
¿pero cuándo te vas a mirar
con mis ojos de verte?

Índice

www.ingramcontent.com/pod-product-compliance
Ingram Content Group UK Ltd.
Pitfield, Milton Keynes, MK11 3LW, UK
UKHW012250240726
13966UKWH00004B/1372